LA NUIT DU DODO

un conte de

Véronique Ovaldé

illustré par

Aline Zalko

Pour
Joseph

Tout le monde sait que les animaux des musées se réveillent la nuit.

Je ne vous l'apprends pas.

La journée, ils restent immobiles comme des statues de poils ou de plumes. Ils sont très doués pour ça, même si, en étant particulièrement attentif et patient, on peut les voir bouger même de jour. Le flamant rose, par exemple, cet étrange échassier à la couleur étonnante (c'est parce qu'il mange des crevettes roses) qui passe sa vie sur une seule patte. Eh bien si vous êtes capable de rester dix heures de suite à l'observer au Muséum, vous le verrez changer de patte. C'est très rapide, vous vous demanderez même si vous n'avez pas rêvé. Vous direz: « Mais il était sur sa patte gauche tout à l'heure », et aucun adulte ne vous croira jamais.

C'est normal. Les adultes ont un peu peur des choses invisibles ou magiques. Il ne faut pas leur en vouloir. Quand on grandit, on est parfois obligé de se consacrer à des affaires plus pragmatiques – pragmatiques ça a à voir avec la nourriture, le loyer ou la retraite.

Bon.

Il se trouve que j'ai rencontré un jour un garçon qui avait la chance d'être le fils du gardien du Muséum national d'histoire naturelle. C'est un peu comme être le fils du pâtissier ou du patron des Grands Magasins pendant la semaine de Noël. Mais c'est encore mieux. Ce garçon s'appelait Romuald. Ce n'était pas facile-facile à porter, alors entre nous, on l'appelait Bob.

Je ne fais pas partie de l'histoire. Je suis seulement celui qui vous la raconte. Sachez juste que j'ai rencontré Bob quand il était petit garçon et que je l'ai recroisé longtemps après sur une île de l'océan Indien.

Revenons-en à Bob petit garçon. Avec son père et leur chien (il faut bien un chien pour un gardien, même si celui-ci, qui s'appelait Poupouke, était fort vieux et préférait soit dormir soit manger plutôt que de surveiller quoi que ce soit), Bob restait la nuit dans la petite loge. La mère de Bob était partie alors qu'il était encore minuscule (comme quoi on ne peut pas avoir de la chance en tout) et quand son père ne trouvait personne qui pouvait veiller sur lui la nuit, il le faisait dormir sur un matelas gonflable dans sa loge de gardien.

Sauf que Bob préférait évidemment se balader dans le musée plutôt

que de dormir à côté du vieux Poupouke, qui pétait dans son sommeil.

Il faut imaginer un Muséum d'histoire naturelle la nuit. Il n'y a plus de lumière du tout, sauf quelques lampes vertes qui signalent qu'une sortie de secours n'est pas loin. Vous devez traverser ces endroits avec une lampe torche, et c'est encore plus fascinant que le jour, le narval, la girafe, le tigre à dents de sabre ou les axolotls (des bestioles sidérantes qui ne meurent jamais vraiment, demandez à quelqu'un de vous montrer ce qu'est un axolotl, vous serez émerveillé par ses jolis petits bras et ses grands yeux mélancoliques)...

Bref.

Le père de Bob s'endormait souvent dans son fauteuil pivotant – il ne se passait pas grand-chose (pensait-il) la nuit au Muséum, alors il s'assoupissait gentiment et rêvait à d'autres vies que la sienne.

À ce moment-là, Bob sortait en catimini de son sac de couchage puis de la loge. Ses petites excursions nocturnes avaient commencé vers ses six ans. Il avait très vite découvert (mais c'est une autre histoire, je vous la raconterai peut-être une autre fois) que les animaux du Muséum, la nuit, s'ébrouent et étirent leurs membres engourdis. Ils sautent de leur socle, sortent de leur vitrine, bavardent, plaisantent, se chamaillent, jouent à se poursuivre entre les aquariums, font un peu de gymnastique, racontent des anecdotes de leur journée comme des gens qui rentrent du travail.

Pas mal d'humains traversent le Muséum chaque jour, et il y en a de vraiment bizarres : il y a celui qui vient tous les mercredis par exemple, et qui cache dans sa veste deux petites souris blanches. Il les sort de sa poche et les laisse gambader quand il pense que personne ne le voit. Elles s'appellent Camembert et Croûton, et elles savent bien, elles, que les animaux du Muséum sont vivants.

Au début, Bob avait vraiment eu la trouille en voyant tout ce petit monde s'animer. Mais Bob avait fini par se sentir très à l'aise la nuit dans le Muséum. Les animaux s'étaient habitués à lui. Ils ne s'intéressaient pas beaucoup à ce jeune humain, ils avaient assez à s'occuper avec leurs petites affaires (il y avait même des histoires d'amour – la

plus ancienne étant celle de Kiki la tortue géante des Seychelles et Lucien le manchot empereur qui, heureusement, pouvaient se voir chaque nuit depuis qu'ils étaient ensemble au troisième étage. Pour Kiki, descendre ou monter des étages n'est pas chose facile - elle pèse deux cent cinquante kilos et ne passe pas dans l'ascenseur).

Mais il y avait un animal qui ne bougeait pas de son socle et qui fascinait Bob, et cet animal, c'était le dodo. Il s'avère que, en plus d'être immobile, le dodo était muet. Bob venait toujours le saluer, mais le dodo jamais ne répondait et jamais ne faisait le moindre signe qui eut pu laisser croire qu'il avait remarqué la présence de Bob.

L'histoire qui nous intéresse ici se déroule une nuit de novembre, deux

Nador

ans après le début des excursions nocturnes de Bob (si vous comptez bien, il a alors huit ans).

Bob, comme à son habitude, est assis par terre, bien tranquillement, à grignoter des biscuits au chocolat en contemplant son animal fétiche. Anuman le cerf de Shomburgk, qui se dégourdissait les pattes, aperçoit le petit garçon et lui dit en passant :

« Il ne peut pas te parler, il n'est pas vivant.

— Pas vivant ?

— Non, c'est une chimère.

— Une chimère ? (Bob a tendance à répéter ce que les gens – ou les animaux – disent quand il ne comprend pas.)

— Une chimère est un animal fabriqué à partir d'autres animaux. Ce dodo a été reconstitué avec des plumes d'autruche et de nandou, et il a des pattes d'émeu. Même son bec n'est pas vraiment son bec.

— Je ne comprends pas. »

Anuman trouve ce petit humain pas malin-malin, mais comme il est réputé pour sa patience (et surtout je crois qu'il adore faire la leçon), il continue :

« Il ne restait plus aucun dodo sur la planète, ils avaient tous été décimés, alors, pour montrer à quoi le dodo ressemblait, les humains en ont fabriqué un de toutes pièces.

— Il est totalement inventé ?

— Mais non ! Bon, allez viens, suis-moi, je vais te montrer quelque chose. »

Bob saute sur ses pieds. Il est un peu déboussolé par ce que vient de lui laisser entendre Anuman, mais il est aussi fort curieux.

Et voici Anuman et Bob qui pénètrent les coulisses du Muséum, là où Bob ne va jamais : il ne possède aucune des clés, aucun des badges qui pourraient lui permettre de descendre dans les sous-sols du Muséum. Et de toute façon, il a toujours cru qu'il n'y avait rien d'intéressant là-dessous.

Quelle erreur, cher Bob !

Les réserves regorgent d'animaux : on range là certains exemplaires qui sont tellement fragiles qu'on ne peut pas les exposer. La vie sous le musée est tout aussi trépidante que celle qui se déroule au-dessus. C'est la partie invisible de l'iceberg. Bob s'en rend compte dès qu'ils passent la vingt-deuxième porte et arrivent au quatorzième sous-sol (il n'est pas sûr des chiffres, il se laisse mener par Anuman qui, apparemment, peut se promener comme il veut dans tout le Muséum – en même temps c'est normal, c'est chez lui).

Il y a un tel raffut dans les couloirs et les salles qu'ils traversent que Bob en est tout désorienté. Anuman marche très vite et Bob court derrière lui pour ne pas se laisser distancer. Certains animaux interrompent leurs petits trafics personnels pour les regarder passer. Bob leur sourit et les salue, il ne veut pas paraître impoli. Anuman, lui, ne salue personne, il fait juste un vague signe de tête quand on l'interpelle. Anuman est très connu : son espèce a disparu, il en est l'unique représentant visible dans un musée.

Anuman s'arrête brutalement devant une porte qui ressemble à toutes les autres.

« On y est », dit-il.

Il écoute puis frappe à la porte avec ses andouillers.

« Entrez », crient en même temps plusieurs voix à l'intérieur.

Anuman ouvre. Et là, devant eux, au milieu des chimpanzés et des oies et des passereaux qui volettent un peu partout, se tient un magnifique squelette de dodo. Au début, Bob est un peu déçu. Il préférait son dodo emplumé du deuxième étage. Mais celui-ci saute de sa vitrine et vient à sa rencontre, et c'est l'une des choses les plus magiques qui soient, ce dodo qui agite ses minuscules ailes d'os, devenus presque noirs avec le temps.

Anuman lève les yeux au ciel et lui dit d'un air suffisant :

« Tu vois, Dodo, même après tout ce qu'ils t'ont fait, tu continues à être tout content quand un humain débarque. »

Dodo, un peu vexé (même un squelette peut avoir l'air vexé), se rebiffe :

« Je suis confiant mais pas idiot, Anuman. Si tu m'amènes un petit humain, ce n'est pas pour qu'il m'égorge. D'ailleurs il aurait bien du mal à m'égorger ! »

Dodo éclate d'un grand rire sonore. Il est enchanté d'avoir de la visite. Il dit qu'il y a trop de bruit dans cette petite pièce et propose à Bob d'aller faire un tour.

« Je remonte, dit Anuman, tous ces volatiles me fatiguent. Tu lui montreras le chemin, Dodo ? »

Bob frissonne. Il va lui falloir faire confiance à ce squelette pour sortir du labyrinthe, sinon il va se retrouver à errer (il s'y voit déjà) pendant des jours et des jours dans tous les couloirs et les sous-sols avant d'être enfin retrouvé, tout desséché.

Mais dès qu'Anuman a fait demi-tour, Dodo se met à chuchoter :

« Je ne sors jamais d'ici et je n'ai pas beaucoup l'occasion de me dégourdir les pattes. Ça fait pas mal de siècles que je suis là, avec tous ces affreux. »

Il esquisse, avec sa minuscule aile droite, un geste affectueux vers les créatures qui cohabitent avec lui.

« J'en ai assez. Alors c'est toi qui vas me ramener à la surface.

— Pardon ? demande Bob, interloqué.

— Tu as vu à quoi je ressemble ? Penses-tu vraiment que je peux monter tout seul les quatorze étages ? Je veux mettre le bec dehors, c'est tout. Mais on dit que je suis trop vieux et trop fragile pour avoir le droit de sortir.

Et puis tu me dois bien ça.

— Moi ? Mais je ne vous ai rien fait, s'écrie Bob.

— Toi non, pas personnellement. Mais les humains qui ont débarqué sur l'île où mes semblables et moi vivions paisiblement dans la forêt depuis des millions d'années ont causé notre extinction. Alors, au nom de tous les tiens et de tous les miens, tu vas me donner un petit coup de main. »

Dodo quitte la pièce en se dandinant et Bob lui emboîte le pas.

« Pouvez-vous m'expliquer ce qui s'est passé sur votre île, monsieur Dodo ? » demande Bob poliment. (Bob est très poli. C'est en général fort efficace pour obtenir ce qu'on veut.)

« Il n'y avait aucun mammifère chez nous, à part la chauve-souris, raconte plaisamment le dodo, il n'y avait donc aucun danger, aucune menace. Alors peu à peu j'ai arrêté de voler, ça n'avait aucun intérêt pour moi. Mes ailes se sont atrophiées, j'ai grossi et je suis devenu placide.

— Placide?

— Je suis resté sur mon île des millions d'années à vivre une vie bien tranquille, à manger des graines et des fruits, à pondre mes œufs sur le sol plutôt que dans un endroit escarpé ou en haut d'un arbre. C'est ça, être placide.

— Vous êtes tout de même un drôle d'oiseau, vous n'avez presque pas d'ailes, ose timidement Bob.

— Tu ne m'écoutes pas bien, petit humain. Je n'avais pas besoin d'ailes, te dis-je. Puisque je n'avais aucun prédateur. »

Ils arrivent en bas des marches.

« Porte-moi jusqu'en haut. Je ne peux pas monter tout seul. »

Bob hésite. Mais il a envie que Dodo lui raconte la suite de l'histoire. Alors il prend le squelette dans ses bras. Et je peux vous dire que c'est une drôle d'expérience de serrer un squelette gigotant dans ses bras.

« Et après ?

— Eh bien, à la fin du XVIe siècle, des navigateurs européens ont débarqué sur mon île.

— Ils vous ont chassés ?

— Ils n'ont même pas eu besoin de nous chasser. Nous les avons accueillis ! Nous étions nombreux à cette époque, peut-être cent mille, je ne sais pas bien, mais dans la nature les choses se régulent harmonieusement. Il y avait assez de nourriture et assez d'espace pour tout le monde sur notre merveilleuse île. Et quand les hommes sont arrivés, nous n'avons pas compris qu'ils allaient signer notre arrêt de mort. Comment aurions-nous pu le deviner ? Parce que, mon cher Bob, ils ne sont pas venus seuls : sur les bateaux, il y avait des rats, des cochons et des singes.

— Et alors ?

— Eh bien, les humains qui avaient voyagé jusqu'à nous pendant plus de huit mois sur leurs navires étaient fort satisfaits de trouver de la nourriture en abondance… C'était nous, la nourriture, tu comprends ? Quant aux bestioles qu'ils ont introduites sur notre île, elles nous trouvaient aussi tout à fait à leur goût - nous et beaucoup d'autres animaux de l'île. Alors tout l'équilibre

de nos vies s'effondra. Tout ce qui existait depuis des millions d'années fut pulvérisé, te rends-tu compte?

— C'est horrible. Mais comment fais-tu pour supporter de me parler? Moi aussi je suis un humain.

— Parce que tu vas me remonter à la surface alors qu'aucun des animaux que je connais ne veut s'en charger, puisque je suis "si vieux et si fragile". »

Il trace des guillemets imaginaires avec ses ailes, on sent qu'il est agacé ou peut-être un peu triste, c'est difficile à discerner sur un squelette.

« Mais qu'attendras-tu de moi une fois là-haut? demande Bob.

— Que tu m'emmènes avec toi partout où tu iras! »

Bob ne sait pas quoi dire, il est fort embarrassé (il commence aussi à être un peu essoufflé à force de monter les escaliers). Comment cacher un squelette de dodo dans son sac à dos quand il ira à l'école?

Quand ils arrivent enfin au rez-de-chaussée, Bob explique à Dodo que sa demande va être un peu difficile à mettre en pratique, qu'il vit avec son père et le vieux Poupouke et que les enfants de son âge vont tous les jours à l'école – ce qui n'est pas la chose la plus divertissante du monde.

« Vous allez vous ennuyer, monsieur Dodo.

— Ne t'inquiète pas : tu me mettras dans un tiroir chez toi et nous irons nous promener dès que tu rentreras. »

Et pour lui prouver qu'il est tout à fait transportable, Dodo saute des bras de Bob, se désarticule totalement et, ô

stupeur, se transforme en un petit tas d'os sur le sol.

Bob est sidéré. Et plus encore quand la voix du Dodo s'élève du petit tas d'os :

« Tu vois, c'est facile. Tu me mets dans un tiroir, et hop. »

Bob aimerait réfléchir à cette proposition. Mais le temps a passé. C'est bientôt le matin. Les animaux sont tous en train de reprendre leur place en attendant l'ouverture du Muséum. Il y a encore quelques retardataires. « Ouf qu'on est samedi », pense Bob. Il va pouvoir ranger Dodo dans la commode, se glisser dans son sac de couchage et dormir jusqu'à midi. Ce qui confortera son père dans l'idée qu'il est un « gros dormeur », c'est en effet ce que celui-ci répète souvent (les adultes ont tendance à parler de la météo ou de la qualité de leur sommeil, qu'ils comparent à celui des autres, vous vous y ferez).

Sauf que.

Ce samedi matin-là, Poupouke, pris d'une petite fringale, a senti que quelque chose d'intéressant et de nouveau avait pris place dans leur loge. Alors que le père de Bob est sorti faire sa ronde du matin, le voilà sur ses pattes arrière qui ouvre le tiroir où se repose Dodo, toujours minutieusement disposé en un petit tas d'os.

Et ce qui devait arriver arrive : Poupouke, fou de joie, attrape un os et se met à le grignoter.

« Au secours », hurle Dodo.

Ce qui réveille brutalement Bob, qui s'assoit sur son matelas, hirsute. Il constate la terrible situation. Il se met à crier, attrape Poupouke par son collier, lui fait recracher ce qu'il était en train de ronger – l'aile gauche de Dodo. Pendant ce temps Dodo a repris forme, il s'agite, il s'énerve, il glapit, il est très mécontent.

« Pardon, monsieur Dodo, mais vous voyez bien que le monde est un peu dangereux pour vous. »

Dodo soupire.

« J'en conviens. »

Il examine le petit os qu'avait commencé à ronger Poupouke (qui ne comprend rien à ce qui se passe – en même temps il n'est pas réputé pour sa vivacité d'esprit) et le remet en place. L'effet n'est pas génial, mais comme Dodo le dit lui-même en haussant ses petites épaules :

« Pour ce à quoi mes ailes me servaient, n'est-ce pas... »

Il saute à terre.

« Ramène-moi chez moi. »

Bob est malheureux pour Dodo. Alors il lui promet qu'il va s'arranger pour venir le voir et le remonter du sous-sol certaines nuits : il enfermera Poupouke dans la loge. Ils pourront même sortir dans le jardin et regarder la lune et les étoiles. Dodo est ému – ça fait quatre siècles qu'il n'a pas vu la lune et les étoiles.

C'est d'accord.

Alors les voilà repartis, le plus discrètement possible. Bob a pris le badge de son père qui traînait sur le bureau, et ils redescendent dans les réserves.

« Tu vois, petit Bob, j'avais raison de te faire confiance. Je sais que tu ne m'abandonneras pas et que tu sauras parler autour de toi du grand drame des dodos.

— Vous croyez?

— Et surtout, n'oublie pas : ne laisse jamais tes ailes s'atrophier.

— Mes ailes?

— Sinon tu deviendras une pauvre pintade... »

Bob a tenu toutes ses promesses. Pendant des années il est allé chercher son ami Dodo pour l'emmener se promener au clair de lune, il n'a rien oublié de l'histoire qu'il lui avait racontée, et il n'a pas laissé ses ailes s'atrophier.

Moi qui l'ai recroisé par hasard bien longtemps après, alors que je vivais sur l'île de La Réunion (je vous avais dit que je l'avais retrouvé sur une île de l'océan Indien), je peux vous dire que sa rencontre avec Dodo a été

déterminante pour lui : de là est né son désir de devenir ornithologue (c'est comme ça qu'on appelle le spécialiste des oiseaux). C'est aussi ce qui lui a donné envie d'aller d'école en école pour raconter aux enfants l'histoire du dodo, celle de la huppe de Bourbon ou celle du faucon de Dubois... Toutes ces espèces qui ont disparu et toutes celles qui continuent de disparaître. La première fois que je l'ai entendu parler devant une classe, il a dit :

« La plupart des animaux étaient là bien avant les humains. Si on venait à disparaître, ça ne les gênerait pas le moins du monde. Nous aurions beaucoup plus de problèmes si c'étaient eux qui disparaissaient. En effet, s'ils viennent tous à disparaître, notre vie à nous les humains en serait grandement bouleversée... »

Je trouvais que c'était un peu sinistre d'exprimer les choses ainsi. C'est ce que je lui ai dit quand j'ai pu lui parler. Nous étions partis avec la classe pour une excursion à la mare à Poule d'Eau, dans le cirque de Salazie, pour observer les hérons et les papangues. Il marchait à grands pas, il avait les yeux qui brillaient, les enfants bavardaient et venaient lui présenter ce qu'ils avaient trouvé ou lui rapporter ce qu'ils avaient vu. Bob m'a répondu :

« Mais non, ce n'est pas du tout sinistre, parce que ce n'est pas une fatalité. On peut encore faire en sorte que ça n'arrive pas. On peut décider de vivre en plus grande harmonie avec les autres espèces. Ne trouves-tu pas excitant de freiner la course folle du monde ? »

Je crois que Bob a raison.

Cela m'a paru évident ce jour-là, alors que je gravissais le chemin à ses côtés au milieu des cris des enfants qui se mêlaient parfaitement aux caquètements, piaillements, sifflements des oiseaux. Et cela continue de me paraître évident et de me donner espoir et allégresse. C'est ce que, grâce à Bob, je me répète chaque matin. Il n'y a vraiment rien de plus excitant, rien de plus important que de freiner la course folle du monde.

LE DRONTE DE MAURICE OU « DODO »

Raphus cucullatus

CLASSE	**Aves**
ORDRE	**Columbiformes**
FAMILLE	**Columbidae**
GENRE	***Raphus***
ESPÈCE	***cucullatus***
TAILLE ET POIDS	**environ 70 cm de hauteur et de 10 à 18 kg**
DURÉE DE VIE	**inconnue, probablement 25-30 ans**
RÉGIME ALIMENTAIRE	**fruits, noix et graines**
HABITAT NATUREL	**forêts de plaine, de montagne et de littoraux**
RÉPARTITION	**île Maurice**
STATUT UICN*	**éteint**

Le dodo a disparu à la fin du XVIIe siècle, il y a 300 ans. Pour connaître son apparence et son mode de vie, nous devons croiser différentes sources : des témoignages et récits du passé, des dessins et peintures anciennes qui ont pris pour modèles de véritables dodos, mais aussi certaines parties de l'animal conservées dans des musées (des os, une tête ou une patte, par exemple), ou encore des fossiles découverts plus récemment lors de fouilles. Les témoignages anciens qui nous sont parvenus sont fondés sur l'observation de dodos à l'état sauvage, mais aussi en captivité : plusieurs oiseaux ont été transportés vivants dans des voiliers depuis l'île Maurice jusqu'en Europe et en Asie. De toutes ces données, nous pouvons déduire que les dodos étaient des oiseaux incapables de voler, peut-être de couleur grise ou brune, d'environ 70 cm de hauteur et un peu lourdauds. On les a souvent représentés ronds et gras, mais dans la nature, ils ne l'étaient sans doute pas autant. On pense qu'ils pouvaient pincer très fort, et qu'ils mangeaient des fruits, des noix et des graines. Les dodos se rencontraient dans une grande variété d'habitats forestiers : forêts de plaine, forêts côtières humides et sèches, forêts de montagne à feuilles persistantes.

* La Liste rouge de l'Union internationale pour la conservation de la nature (UICN) constitue l'inventaire mondial le plus complet de l'état de conservation global des espèces végétales et animales.

Le mot du scientifique

Ben Warren

Biologiste de l'évolution, enseignant chercheur et responsable scientifique des collections d'oiseaux du Muséum national d'histoire naturelle

---

Le dodo est l'exemple bien connu d'une espèce qui a existé, que l'homme a côtoyée, mais qui n'existe plus. Lorsqu'un animal ou une plante devient rare et que le tout dernier individu meurt, nous disons que l'espèce est éteinte.

Quelles sont les origines de cet oiseau bizarre, incapable de voler et qui n'a vécu que sur l'île Maurice, dans l'océan Indien ? Pourquoi a-t-il disparu ? En quoi est-il encore important d'en parler, pour nous et notre avenir ?

Ces questions sont liées à mon travail de scientifique, qui utilise l'ADN : c'est une substance très importante, présente chez tous les êtres vivants (animaux, humains, plantes). C'est elle qui leur donne leur apparence et leur comportement. Lorsqu'un bébé humain ou animal naît, il hérite de l'ADN de ses parents, ce qui fait qu'en grandissant, il finit par leur ressembler et se comporter à peu près comme eux.

Dans le cas des oiseaux, l'ADN peut s'écrire comme un code composé de plus d'un milliard de lettres (mille millions !). En comparant le code d'une espèce avec celui d'une autre, nous pouvons en apprendre beaucoup sur leurs origines et leur histoire. Dans le cas du dodo, nous savons que son plus proche parent vivant est une espèce de pigeon d'Asie du Sud-Est : il partage avec lui un ancêtre commun qui vivait il y a environ 13 millions d'années. À cette époque, certains pigeons sont arrivés sur des îles proches de l'Asie, probablement après avoir été emportés au large par une tempête. Au fil du temps, ces pigeons ont voyagé vers d'autres îles encore plus éloignées, jusqu'à l'île Maurice où ils n'avaient plus du tout de prédateurs. Alors, ces pigeons sont restés et ont évolué : voler ne leur servait plus à rien (plus besoin de fuir !), il valait mieux être grand pour faire peur aux autres animaux et mieux profiter de la nourriture. Au cours de milliers de générations, les pigeons survivants sont devenus de plus en plus imposants, et leurs ailes plus petites, jusqu'à prendre la forme d'un gros oiseau incapable de voler : le dodo. En biologie, on appelle ces changements qui surviennent au cours des générations l'évolution des espèces.

Après avoir vécu tant de temps sans prédateurs, les dodos étaient devenus sans défense. Ils construisaient leurs nids et élevaient leurs poussins à même le sol. Les voyageurs qui arrivèrent pour la première fois à l'île Maurice, par la mer, il y a environ 400 ans, furent étonnés de voir à quel point il était facile de les approcher, de les attraper et... de les tuer. Pire encore, les nombreux animaux que les marins avaient emmenés avec eux (cochons, singes ou rats), se sont tous échappés des bateaux ! Ces animaux ont non seulement été des prédateurs du dodo, mais ils ont aussi pu manger une partie de sa nourriture. À peine une centaine d'années après l'arrivée des humains sur son île, le dodo s'est éteint.

Si l'histoire du dodo est tristement célèbre, ce qui est encore plus triste, c'est qu'il n'est pas seul : sur l'île Maurice et les îles voisines (La Réunion et Rodrigues), 37 oiseaux uniques, extraordinaires et méconnus ont disparu dans la même période, après l'arrivée des humains. Quel dommage que nous ne puissions pas prendre plaisir à les voir. C'est encore plus grave pour les forêts : les plantes et les arbres qui les composaient avaient besoin de ces animaux pour disperser leurs graines. Aujourd'hui encore, parmi les animaux et les plantes de ces îles, beaucoup sont menacés d'extinction à cause des activités humaines.

La recherche scientifique sur les espèces en danger peut nous aider à mieux les comprendre pour les protéger. Ensuite, ce sont nos choix qui seront déterminants pour l'avenir de notre environnement naturel. Nos ancêtres ont commis de nombreuses erreurs. Les adultes d'aujourd'hui tentent quelquefois de les corriger. Demain, d'autres personnes devront prendre le relais pour sauvegarder les espèces menacées ; toi et tes amis en feront peut-être partie !

« Les Contes du Muséum »

Une collection dirigée par
Lucile Desmoulins puis Cécile Martin
et Alina Gurdiel

Muséum national d'histoire naturelle

Responsable des éditions grand public
Cécile Martin

Assistante éditoriale
Alix Veilhan

Relecture et préparation de copie
Marion Bello

Direction artistique et conception graphique
Paper ! Tiger ! (Aurélien Farina)

Loi n° 49-956 du 16 juillet 1949 sur les publications destinées à la jeunesse,
modifiée par la loi n° 2011-525 du 17 mai 2011

ISSN : 2823-3018
ISBN : 978-2-38279-019-9

Dépôt légal : septembre 2023
Achevé d'imprimer en août 2023 sur les presses de Nexe Impressions à Barcelone

DANS LA MÊME COLLECTION

Camélia
de Marie Darrieussecq
illustré par Nelly Blumenthal

Charlie et le champignon
de Julieta Cánepa et Pierre Ducrozet
illustré par Amélie Patin

Macalou
de Karine Tuil
illustré par Lucile Piketty

Marcel le petit rhinolophe
de Érik Orsenna de l'Académie française
illustré par Brice Postma Uzel

Mystère au zoo
de Marc Lambron de l'Académie française
illustré par Christophe Merlin